Min tosprogede billedbog

Mein zweisprachiges Bilderbuch

Sefas smukkeste børnefortællinger i ét bind

Ulrich Renz • Barbara Brinkmann:

Sov godt, lille ulv · Schlaf gut, kleiner Wolf

Alder: fra 2 år

Cornelia Haas • Ulrich Renz:

Min allersmukkeste drøm · Mein allerschönster Traum

Alder: fra 2 år

Ulrich Renz • Marc Robitzky:

De vilde svaner · Die wilden Schwäne

Efter et eventyr af Hans Christian Andersen

Alder: fra 5 år

© 2024 by Sefa Verlag Kirsten Bödeker, Lübeck, Germany. www.sefa-verlag.de

Special thanks to Paul Bödeker, Freiburg, Germany

All rights reserved.

ISBN: 9783756304011

Læs · Lyt · Forstå

Sov godt, lille ulv
Schlaf gut, kleiner Wolf

Ulrich Renz / Barbara Brinkmann

dansk — tosproget — tysk

Oversættelse:

Michael Schultz (dansk)

Lydbog og video:

www.sefa-bilingual.com/bonus

Gratis adgang med koden:

dansk: **LWDA1310**

tysk: **LWDE1314**

Godnat, Tim! Vi leder videre i morgen.

Sov nu godt!

Gute Nacht, Tim! Wir suchen morgen weiter.

Jetzt schlaf schön!

Udenfor er det allerede mørkt.

Draußen ist es schon dunkel.

Hvad laver Tim nu der?

Was macht Tim denn da?

Han går ud til legepladsen.
Hvad leder han efter?

Er geht raus, zum Spielplatz.
Was sucht er da?

Den lille ulv!

Uden den kan han ikke sove.

Den kleinen Wolf!

Ohne den kann er nicht schlafen.

Hvem kommer der?

Wer kommt denn da?

Marie! Hun leder efter sin bold.

Marie! Die sucht ihren Ball.

Og hvad leder Tobi efter?

Und was sucht Tobi?

Sin gravemaskine.

Seinen Bagger.

Og hvad leder Nala efter?

Und was sucht Nala?

Sin dukke.

Ihre Puppe.

Skulle børnene ikke være i seng?
Katten undrer sig.

Müssen die Kinder nicht ins Bett?
Die Katze wundert sich sehr.

Hvem kommer nu?

Wer kommt denn jetzt?

Tims mor og far!
Uden deres Tim kan de ikke sove.

Die Mama und der Papa von Tim!
Ohne ihren Tim können sie nicht schlafen.

Og dér kommer der endnu flere! Maries far.
Tobis bedstefar. Og Nalas mor.

Und da kommen noch mehr! Der Papa von Marie.
Der Opa von Tobi. Und die Mama von Nala.

Men nu hurtigt i seng!

Jetzt aber schnell ins Bett!

Godnat, Tim!

I morgen behøver vi ikke at lede mere.

Gute Nacht, Tim!

Morgen müssen wir nicht mehr suchen.

Sov godt, lille ulv!

Schlaf gut, kleiner Wolf!

Cornelia Haas • Ulrich Renz

Min allersmukkeste drøm
Mein allerschönster Traum

Oversættelse:

Pia Schmidt (dansk)

Lydbog og video:

www.sefa-bilingual.com/bonus

Gratis adgang med koden:

dansk: **BDDA1310**

tysk: **BDDE1314**

Min allersmukkeste drøm
Mein allerschönster Traum

Cornelia Haas · Ulrich Renz

dansk · tosproget · tysk

Lulu kan ikke falde i søvn. Alle de andre drømmer allerede – hajen, elefanten, den lille mus, dragen, kænguruen, ridderen, aben, piloten. Og løveungen. Også bamsen kan næsten ikke holde sine øjne åbne ...

Tager du mig med i din drøm, bamse?

Lulu kann nicht einschlafen. Alle anderen träumen schon – der Haifisch, der Elefant, die kleine Maus, der Drache, das Känguru, der Ritter, der Affe, der Pilot. Und der Babylöwe. Auch dem Bären fallen schon fast die Augen zu ...

Du Bär, nimmst du mich mit in deinen Traum?

Og så er Lulu i bamsernes drømmeland. Bamsen fanger fisk i Tagayumisøen. Og Lulu undrer sig over, hvem der bor deroppe i træerne? Da drømmen er slut, vil Lulu opleve endnu mere. Kom med, vi skal på besøg hos hajen! Hvad den mon drømmer?

Und schon ist Lulu im Bären-Traumland. Der Bär fängt Fische im Tagayumi See. Und Lulu wundert sich, wer wohl da oben in den Bäumen wohnt?
Als der Traum zu Ende ist, will Lulu noch mehr erleben. Komm mit, wir besuchen den Haifisch! Was der wohl träumt?

Hajen leger tagfat med fiskene. Endelig har den fået venner! De er ikke bange for dens skarpe tænder.

Da drømmen er slut, vil Lulu opleve endnu mere. Kom med, vi skal på besøg hos elefanten! Hvad den mon drømmer?

Der Haifisch spielt Fangen mit den Fischen. Endlich hat er Freunde! Keiner hat Angst vor seinen spitzen Zähnen.
Als der Traum zu Ende ist, will Lulu noch mehr erleben. Kommt mit, wir besuchen den Elefanten! Was der wohl träumt?

Elefanten er let som en fjer og kan flyve! Om lidt lander den på en himmelsk blomstereng.

Da drømmen er slut, vil Lulu opleve endnu mere. Kom med, vi skal på besøg hos den lille mus! Hvad den mon drømmer?

Der Elefant ist so leicht wie eine Feder und kann fliegen! Gleich landet er auf der Himmelswiese.
Als der Traum zu Ende ist, will Lulu noch mehr erleben. Kommt mit, wir besuchen die kleine Maus! Was die wohl träumt?

Den lille mus besøger Tivoli. Den kan bedst lide rutsjebanen.
Da drømmen er slut, vil Lulu opleve endnu mere. Kom med, vi skal på besøg hos dragen! Hvad den mon drømmer?

Die kleine Maus schaut sich den Rummel an. Am besten gefällt ihr die Achterbahn.
Als der Traum zu Ende ist, will Lulu noch mehr erleben. Kommt mit, wir besuchen den Drachen! Was der wohl träumt?

Dragen er blevet helt tørstig af at spy ild. Den vil helst drikke hele limonadesøen.

Da drømmen er slut, vil Lulu opleve endnu mere. Kom med, vi skal på besøg hos kænguruen! Hvad den mon drømmer?

Der Drache hat Durst vom Feuerspucken. Am liebsten will er den ganzen Limonadensee austrinken.
Als der Traum zu Ende ist, will Lulu noch mehr erleben. Kommt mit, wir besuchen das Känguru! Was das wohl träumt?

Kænguruen hopper rundt i slikfabrikken og fylder sin pung helt op. Endnu flere blå bolsjer! Og flere slikkepinde! Og chokolade!

Da drømmen er slut, vil Lulu opleve endnu mere. Kom med, vi skal på besøg hos ridderen! Hvad han mon drømmer?

Das Känguru hüpft durch die Süßigkeitenfabrik und stopft sich den Beutel voll. Noch mehr von den blauen Bonbons! Und mehr Lollis! Und Schokolade!

Als der Traum zu Ende ist, will Lulu noch mehr erleben. Kommt mit, wir besuchen den Ritter! Was der wohl träumt?

Ridderen leger lagkagekast med sin drømmeprinsesse. Åh! Lagkagen rammer ved siden af!
Da drømmen er slut, vil Lulu opleve endnu mere. Kom med, vi skal på besøg hos aben! Hvad den mon drømmer?

Der Ritter macht eine Tortenschlacht mit seiner Traumprinzessin. Oh! Die Sahnetorte geht daneben!

Als der Traum zu Ende ist, will Lulu noch mehr erleben. Kommt mit, wir besuchen den Affen! Was der wohl träumt?

Endelig har det sneet i abeland! Hele abebanden er ude og laver abestreger.

Da drømmen er slut, vil Lulu opleve endnu mere. Kom med, vi skal på besøg hos piloten! I hvilken drøm er han mon landet?

Endlich hat es einmal geschneit im Affenland! Die ganze Affenbande ist aus dem Häuschen und macht Affentheater.
Als der Traum zu Ende ist, will Lulu noch mehr erleben. Kommt mit, wir besuchen den Piloten! In welchem Traum der wohl gelandet ist?

Piloten flyver og flyver. Lige til verdens ende og videre helt op til stjernerne. Det er der ikke nogen pilot der har gjort før.

Da drømmen er slut, er alle blevet meget trætte og vil slet ikke opleve så meget mere. Men de vil nu gerne besøge løveungen. Hvad den mon drømmer?

Der Pilot fliegt und fliegt. Bis ans Ende der Welt und noch weiter bis zu den Sternen. Das hat noch kein anderer Pilot geschafft.
Als der Traum zu Ende ist, sind alle schon sehr müde und wollen nicht mehr so viel erleben. Aber den Babylöwen wollen sie noch besuchen. Was der wohl träumt?

Løveungen har hjemve og vil tilbage til sin bløde og varme seng.
Og det vil de andre også.

Og så begynder ...

Der Babylöwe hat Heimweh und will zurück ins warme, kuschelige Bett.
Und die anderen auch.

Und da beginnt …

... Lulus
allersmukkeste drøm.

... Lulus
allerschönster Traum.

Ulrich Renz • Marc Robitzky

De vilde svaner
Die wilden Schwäne

Oversættelse:

Pia Schmidt (dansk)

Lydbog og video:

www.sefa-bilingual.com/bonus

Gratis adgang med koden:

dansk: **WSDA1310**

tysk: **WSDE1314**

Ulrich Renz · Marc Robitzky

De vilde svaner

Die wilden Schwäne

Efter et eventyr af

Hans Christian Andersen

dansk — tosproget — tysk

Der var engang tolv kongebørn – elleve brødre og deres storesøster, Elisa. De levede lykkeligt på et smukt slot.

Es waren einmal zwölf Königskinder – elf Brüder und eine große Schwester, Elisa. Sie lebten glücklich in einem wunderschönen Schloss.

Men en dag døde deres mor, og nogen tid senere giftede kongen sig igen. Den nye dronning var dog en ond heks. Hun fortryllede de elleve prinser, så de blev til svaner, og sendte dem langt bort til et fjernt land på den anden side af skoven.

Eines Tages starb die Mutter, und einige Zeit später heiratete der König erneut. Die neue Frau aber war eine böse Hexe. Sie verzauberte die elf Prinzen in Schwäne und schickte sie weit weg in ein fernes Land jenseits des großen Waldes.

Pigen klædte hun i laset tøj, og hendes ansigt smurte hun ind i en hæslig salve. Ikke engang hendes far kunne kende sin egen datter igen, og han jog hende bort fra slottet. Elisa løb ind i den mørke skov.

Dem Mädchen zog sie Lumpen an und schmierte ihm eine hässliche Salbe ins Gesicht, so dass selbst der eigene Vater es nicht mehr erkannte und aus dem Schloss jagte. Elisa rannte in den dunklen Wald hinein.

Nu var hun helt alene, og hun savnede sine forsvundne brødre af hele sit hjerte. Da det blev aften, redte hun sig en seng af mos under træerne.

Jetzt war sie ganz allein und sehnte sich aus tiefster Seele nach ihren verschwundenen Brüdern. Als es Abend wurde, machte sie sich unter den Bäumen ein Bett aus Moos.

Næste morgen kom hun hen til en stille sø og blev helt forskrækket, da hun så sit spejlbillede i vandet. Men da hun havde vasket sig, var hun det smukkeste kongebarn på jorden.

Am nächsten Morgen kam sie zu einem stillen See und erschrak, als sie darin ihr Spiegelbild sah. Nachdem sie sich aber gewaschen hatte, war sie das schönste Königskind unter der Sonne.

Mange dage senere nåede hun frem til det store hav. På bølgerne gyngede elleve svanefjer.

Nach vielen Tagen erreichte Elisa das große Meer. Auf den Wellen schaukelten elf Schwanenfedern.

Da solen gik ned, kunne man høre vingesus i luften og elleve svaner landede på vandet. Elisa genkendte straks sine fortryllede brødre. Men da de talte svanesprog, kunne hun ikke forstå dem.

Als die Sonne unterging, war ein Rauschen in der Luft, und elf wilde Schwäne landeten auf dem Wasser. Elisa erkannte ihre verzauberten Brüder sofort. Weil sie aber die Schwanensprache sprachen, konnte sie sie nicht verstehen.

Om dagen fløj svanerne bort, om natten lå de tolv søskende i en hule og klyngede sig til hinanden.

En nat havde Elisa en forunderlig drøm: Hendes mor fortalte hende, hvordan hun kunne forløse sine brødre. Hun skulle strikke en skjorte af brændenælder til hver svane og kaste skjorten over svanen. Men indtil da måtte hun ikke sige et ord, ellers ville hendes brødre dø.
Elisa gik straks i gang med arbejdet. Selv om hendes hænder sved som ild, strikkede hun ihærdigt videre.

Tagsüber flogen die Schwäne fort, nachts kuschelten sich die Geschwister in einer Höhle aneinander.

Eines Nachts hatte Elisa einen sonderbaren Traum: Ihre Mutter sagte ihr, wie sie die Brüder erlösen könne. Aus Brennnesseln solle sie für jeden Schwan ein Hemdchen stricken und es ihm überwerfen. Bis dahin aber dürfe sie kein einziges Wort reden, sonst müssten ihre Brüder sterben.
Elisa machte sich sofort an die Arbeit. Obwohl ihre Hände wie Feuer brannten, strickte sie unermüdlich.

En skønne dag hørte hun jagthorn i det fjerne. En prins kom ridende med sit følge og stod snart foran Elisa. Da deres blikke mødtes, blev de straks forelsket i hinanden.

Eines Tages ertönten in der Ferne Jagdhörner. Ein Prinz kam mit seinem Gefolge angeritten und stand schon bald vor ihr. Als die beiden sich in die Augen schauten, verliebten sie sich ineinander.

Prinsen løftede Elisa op på sin hest og red hjem til sit slot sammen med hende.

Der Prinz hob Elisa auf sein Pferd und nahm sie mit auf sein Schloss.

Den mægtige skatmester var ikke særligt begejstret for den tavse skønheds ankomst. Han havde udset sin egen datter til at blive prinsens brud.

Der mächtige Schatzmeister war über die Ankunft der stummen Schönen alles andere als erfreut. Seine eigene Tochter sollte die Braut des Prinzen werden.

Elisa havde ikke glemt sine brødre. Hver aften arbejdede hun videre på deres skjorter. En nat gik hun ud til kirkegården, for at hente friske brændenælder. Skatmesteren holdt i hemmelighed øje med hende.

Elisa hatte ihre Brüder nicht vergessen. Jeden Abend arbeitete sie weiter an den Hemdchen. Eines Nachts ging sie hinaus auf den Friedhof, um frische Brennnesseln zu holen. Dabei beobachtete der Schatzmeister sie heimlich.

Så snart prinsen tog på jagt igen, fik skatmesteren smidt Elisa i fangehullet. Han påstod, at hun var en heks, som mødtes med andre hekse om natten.

Sobald der Prinz auf einem Jagdausflug war, ließ der Schatzmeister Elisa in den Kerker werfen. Er behauptete, dass sie eine Hexe sei, die sich nachts mit anderen Hexen treffe.

Ved daggry blev Elisa hentet af vagterne. Hun skulle brændes på torvet.

Im Morgengrauen wurde Elisa von den Wachen abgeholt. Sie sollte auf dem Marktplatz verbrannt werden.

De var lige nået dertil, da elleve hvide svaner pludseligt kom flyvende. Elisa skyndte sig at kaste en nældeskjorte over hver svane. Med ét stod alle elleve brødre foran hende igen. Kun den mindste bror, hvis skjorte ikke var blevet helt færdigt, beholdt en vinge i stedet for sin arm.

Kaum war sie dort angekommen, als plötzlich elf weiße Schwäne geflogen kamen. Schnell warf Elisa jedem ein Nesselhemdchen über. Bald standen alle ihre Brüder in Menschengestalt vor ihr. Nur der Kleinste, dessen Hemd nicht ganz fertig geworden war, behielt anstelle eines Armes einen Flügel.

De tolv søskende kyssede og krammede hinanden, da prinsen kom tilbage. Endelig kunne Elisa forklare ham alt. Prinsen lod den onde skatmester smide i fangehullet. Så blev der holdt bryllup i syv dage.

Og de levede lykkeligt til deres dages ende.

Das Herzen und Küssen der Geschwister hatte noch kein Ende genommen, als der Prinz zurückkam. Endlich konnte Elisa ihm alles erklären. Der Prinz ließ den bösen Schatzmeister in den Kerker werfen. Und dann wurde sieben Tage lang Hochzeit gefeiert.

Und wenn sie nicht gestorben sind, dann leben sie noch heute.

Hans Christian Andersen

Hans Christian Andersen blev født 1805 i Odense og døde i 1875 i København. Med sine smukke eventyr "Den lille havfrue", "Kejserens nye klæder" eller "Den grimme ælling" blev han verdensberømt. Eventyret "De vilde svaner", blev offentliggjort i 1838. Det er efterfølgende blevet oversat til over hundrede sprog og genfortalt i mange versioner bl.a. til teater, film og musicals.

Barbara Brinkmann blev født 1969 i München og er opvokset i Bayern. Hun har læst til arkitekt i München og arbejder i dag på Technische Universität i München på fakultetet for arkitektur. Ved siden af arbejder hun som selvstændig grafiker, illustrator og forfatter.

Cornelia Haas blev født 1972 i Ichenhausen ved Augsburg (Tyskland). Hun har læst til designer på Fachhochschule Münster. Siden 2001 har hun illustreret børne- og ungdomsbøger og siden 2013 underviser hun i akryl- og digitalt maleri på Fachhochschule Münster.

Marc Robitzky blev født i 1973 og har læst på Technische Kunstschule i Hamborg og Academy of Visual Arts i Frankfurt. Han arbejder freelance som illustrator og kommunikationsdesigner i Aschaffenburg (Tyskland).

Ulrich Renz blev født 1960 i Stuttgart (Tyskland). Han har læst fransk litteratur i Paris og medicin i Lübeck, derefter arbejdede han på et videnskabeligt forlag. I dag er Renz forfatter og skriver fagbøger samt børne- og ungdomsbøger.

Kan du godt lide at tegne?

Her finder du billeder fra historien som du selv kan farvelægge:

www.sefa-bilingual.com/coloring

www.ingramcontent.com/pod-product-compliance
Lightning Source LLC
LaVergne TN
LVHW070443080526
838202LV00035B/2716